阅读中国·外教社中文分级系列

Reading China SFLEP Chinese Graded Readers

U0358923

总主编 程爱民

The Princess on the Silk Road

编者 三级主编 胡晓慧

张丽萍

三级

2

上海外语教育出版社

SHANGHAI FOREIGN LANGUAGE EDUCATION PRESS

主编的话

　　每个学习外语的人在学习初期都会觉得外语很难，除了教材，其他书基本上看不懂。很多年前，我有个学生，他大学一年级时在外语学院图书室帮忙整理图书，偶然看到一本《莎士比亚故事集》，翻了几页，发现自己看得懂，一下子就看入了迷。后来，他一有空就去图书室看那本书，很快看完了，发现自己的英语进步不少。其实，那本《莎士比亚故事集》就是一本牛津英语分级读物。这个故事告诉我们，适合外语学习者水平的书籍对外语学习有多么重要。

　　英语分级阅读进入中国已有几十年了，但国际中文分级教学以及分级读物编写实践才刚刚起步，中文分级读物不仅在数量上严重不足，编写质量上也存在许多问题。因此，在《国际中文教育中文水平等级标准》出台之后，我们就想着要编写一套适合全球中文学习者的国际中文分级读物，于是便有了这套《阅读中国·外教社中文分级系列读物》。

　　本套读物遵循母语为非中文者的中文习得基本规律，参考英语作为外语教学分级读物的编写理念和方法，设置鲜明的中国主题，采用适合外国读者阅读心理和阅读习惯的叙事话语方式，对标《国际中文教育中文水平等级标准》，是国内外第一套开放型、内容与语言兼顾、纸质和数字资源深度融合的国际中文教育分级系列读物。本套读物第一辑共 36 册，其中，一——六级每级各 5 册，七—九级共 6 册。

　　读万卷书，行万里路，这是两种认识世界的方法。现在，中国人去看世界，外国人来看中国，已成为一种全球景观。中国历史源远流长，中国文化丰富多彩，中国式现代化不断推进和拓展，确实值得来看看。如果你在学中文，对中国文化感兴趣，推荐你看看这套《阅读中国·外教社中文分级系列读物》。它不仅能帮助你更好地学习中文，也有助于你了解一个立体、真实、鲜活的中国。

程爱民

2023 年 5 月

目录

1 十二生肖

　　十二生肖分别是：鼠、牛、虎、兔、龙、蛇、马、羊、猴、鸡、狗、猪。为什么小小的老鼠排在第一名呢？

　　很久很久以前，天上的玉帝说："我们要选十二种动物作为人的生肖，一年一种动物。"为了公平地选出这十二种动物，玉帝选了一个日子，并宣布："这一天，先到我这里报名的十二种动物，就是十二生肖动物。"

　　猫和老鼠住得很近，是一对好朋友，它们都想去报名。猫说："咱们要早点去报名，不过我早上总是起不来，怎么办呢？"老鼠说："猫哥哥，没关系，你放心睡觉，我起床后就去叫你，咱们一块儿去。"猫听了很高兴，说："你真是我最好的朋友，谢谢你！"到了报名那天早晨，老鼠很早就起床出发了。不过它光想着自己的事，忘记要和猫一起去报名。

　　老鼠在路上碰到了同样早起的牛。牛个头大，走的步子大；老鼠个头小，走的步子也小。老鼠心里想："路还远着呢，我快跑不动了，这怎么办呢？"不一

会儿，它想出个主意，就对牛说："牛哥哥，牛哥哥，我来给你唱个歌。"牛说："好啊，你唱吧。"过了一会儿，牛问："鼠弟弟，你怎么没唱哪？"老鼠说："我在唱呢，你怎么没听见？可能是我的声音太小了，所以你没听见。让我骑在你的背上唱歌吧，这样你就能听见了。"牛说："好啊，好啊!"老鼠骑在牛背上，感觉特别舒服，马上就唱起歌来："牛哥哥，牛哥哥，过小河，爬高山!"牛听到老鼠唱歌，非常高兴，跑得更加快了。等牛远远地看见玉帝，才发现还没有动物来报名。它高兴得叫起来："我是第一名，我是第一名!"牛还没高兴完，老鼠就从牛背上跳下来，一下跑到牛前面去了。玉帝看见是老鼠跑在牛前面，就选了老鼠做第一位生肖动物，牛做第二位生肖动物。所以，在十二生肖里，小小的老鼠就排在最前面了。

　　另外，猫起床太晚，等它赶到时，玉帝早已选好了十二生肖动物。猫因为没有被选上，就生老鼠的气，责怪老鼠没有叫它。从这以后，它们不再是好朋友，猫只要见到老鼠，就要吃它，直到现在还是这样。

注释

玉帝 Yùdì
The god of the highest status in the heaven in Chinese mythology.

本级词

龙 lóng | Chinese dragon

马 mǎ | horse

羊 yáng | sheep

猪 zhū | pig

排 pái | to rank

久 jiǔ | long

种 zhǒng | kind, type

为了 wèile | in order to

宣布 xuānbù | to announce

总是 zǒngshì | always

光 guāng | only

步 bù | step

主意 zhǔyi | idea

更加 gèngjiā | more

前面 qiánmiàn | in front of

赶到 gǎndào | to arrive

早已 zǎoyǐ | already

被 bèi | by (used in the passive voice to introduce the doer of the action)

直到 zhídào | till

超纲词

鼠 shǔ | rat

虎 hǔ | tiger

兔 tù | rabbit

蛇 shé | snake

猴 hóu | monkey

作为 zuòwéi | as

高山 gāoshān | mountain

责怪 zéguài | to blame

不再 búzài | no longer

练 习

一、根据文章判断正误。

Tell right or wrong according to the article.

（　　　）1. 十二生肖是玉帝提前选好的。

（　　　）2. 十二生肖中没有猫。

（　　　）3. 老鼠得了第一名是因为它跑得最快。

（　　　）4. 牛排在老鼠的后面，是第二名。

（　　　）5. 牛比老鼠起得早。

二、选词填空。

Fill in the blanks with the words given below.

A. 主意　　B. 直到　　C. 更加　　D. 总是　　E. 为了　　F. 宣布　　G. 光

1. _____公平地选出这十二种动物，玉帝选了一个日子，并_____：

"这一天，先到我这里报名的十二种动物，就是十二生肖动物。"

2. 咱们要早点去报名，不过我早上_____起不来，怎么办呢？

4

3. 不过老鼠＿＿＿＿＿想着自己的事，忘记要和猫一起去报名。

4. 老鼠想出个＿＿＿＿＿，就对牛说：“牛哥哥，牛哥哥，我来给你唱个歌。”

5. 牛听到老鼠唱歌，非常高兴，跑得＿＿＿＿＿快了。

6. 猫只要见到老鼠，就要吃它，＿＿＿＿＿现在还是这样。

三、根据文章回答问题。

Answer the questions below according to the article.

1. 玉帝为什么要选出十二种动物？＿＿＿＿＿＿＿＿＿＿＿＿＿＿

2. 猫希望老鼠做什么？＿＿＿＿＿＿＿＿＿＿＿＿＿＿

3. 老鼠为什么是十二生肖里的第一个动物？＿＿＿＿＿＿＿＿＿＿＿＿＿＿

4. 根据这个故事，你觉得猫为什么要吃老鼠？＿＿＿＿＿＿＿＿＿＿＿＿

5. 你还知道其他十二生肖动物的故事吗？请说一说。

＿＿＿＿＿＿＿＿＿＿＿＿＿＿＿＿＿＿＿＿＿＿＿＿＿＿＿

鼠

牛

虎

兔

龙

蛇

马

羊

猴

鸡

狗

猪

2 日月潭（上）

日月潭是中国台湾省最大的一片湖。日月潭中间有一座小岛，小岛把湖水分成两半，北边的像圆圆的太阳，叫"日潭"；南边的像弯弯的月亮，叫"月潭"。

日月潭有一个美丽的故事。传说在很久以前，这里住着一对年轻人，男的叫做大尖，女的叫做水社，两人一直过着幸福的生活。

一天，大尖和水社在河里抓鱼的时候，忽然听到一声巨响，大地震动了起来，河水也震动了起来。他们走上岸，发现太阳不见了，天空和大地都变黑了。他们不知道太阳为什么不见了，只好小心地走回家。

这天晚上，月亮出来了，天地亮了一些。水社想在月光下做渔网，可刚要走出家门，只听到又是一声巨响，大地震动了起来，他们的家也震动起来。他们发现月亮也不见了，天空和大地又变成了一片黑。两人不知道太阳和月亮去了哪里，担心得睡不着觉。

从这天开始，白天再也没有太阳，夜里再也没有月亮，天地都是一片黑。没有了光以后，田里的禾苗倒了，山上的树木死了，花不开了，鸟不叫了……大尖对水社说："如果太阳和月亮再不回到天上，什么都活不了，我们得做点什么。"水社点点头，说："那两声巨响，一定是太阳和月亮掉了下来，但掉在了哪里呢？"

大尖和水社拿着火把走出了家门。为了找到太阳和月亮，他们不知道翻过了多少座山，走过了多少条河，一路上遇到了很多困难，但是他们都坚持下来了。最后，在一座山顶上，他们发现了远处的水中跳动着两个金色的大球。

两人十分高兴，他们终于找到了太阳和月亮。但还没有等他们行动，潭中跳动的太阳和月亮就被两条恶龙吃了。原来，太阳和月亮是被这两条恶龙带到了这里。大尖生气地说："这两条恶龙偷走了天地间最重要的宝贝，我们不能放过它们！""可恶龙那么大，我们两人该怎么救出日月呢？"水社问。

本级词

把 bǎ | used to advance the object of a
　　verb to the position before it

美丽 měilì | beautiful

传说 chuánshuō | it is said ..., they say ...

幸福 xìngfú | happy

抓 zhuā | to catch

天空 tiānkōng | sky

只好 zhǐhǎo | to have to

死 sǐ | to die

困难 kùnnan | difficulty

坚持 jiānchí | to insist

下来 xiàlái | used after a verb, to indicate
　　continuing from the past to the present, or
　　from the beginning to the end

终于 zhōngyú | finally

救 jiù | to save, to rescue

超纲词

岛 dǎo | island

巨 jù | huge

大地 dàdì | the earth

震动 zhèndòng | to tremble, to shake

禾苗 hémiáo | seedlings of the crops

火把 huǒbǎ | torch

遇到 yùdào | to encounter

跳动 tiàodòng | to beat, to bounce

恶 è | evil, bad

宝贝 bǎobèi | precious thing, treasure

练 习

一、根据文章判断正误。

Tell right or wrong according to the article.

（　　　）1. 日月潭的名字来源于湖的形状。

（　　　）2. 太阳和月亮不见了，是因为大地震动了。

（　　　）3. 大尖和水社在找太阳和月亮的路上，遇到了很多困难。

（　　　）4. 恶龙把太阳和月亮偷走了，带到了山顶的水中。

（　　　）5. 恶龙怕大尖和水社，所以吃了太阳和月亮。

二、选词填空。

Fill in the blanks with the words given below.

A. 幸福　　B. 坚持　　C. 困难　　D. 终于　　E. 只好　　F. 美丽　　G. 救出

1. 日月潭是中国台湾省最大的一片湖，它有一个＿＿＿＿＿＿的故事。

2. 传说在很久以前，这里住着一对年轻人，男的叫做<u>大尖</u>，女的叫做<u>水社</u>，
   两人一直过着＿＿＿＿＿＿＿的生活。

3. 他们不知道太阳为什么不见了，＿＿＿＿＿＿＿小心地走回家。

4. 他们不知道翻过了多少座山，走过了多少条河，一路上遇到了很多
   ＿＿＿＿＿＿＿，但是他们都＿＿＿＿＿＿＿下来了。

5. 两人十分高兴，他们＿＿＿＿＿＿＿找到了太阳和月亮。

6. "可恶龙那么大，我们两人该怎么＿＿＿＿＿＿＿日月呢？"<u>水社</u>问。

三、根据文章回答问题。

Answer the questions below according to the article.

1. <u>大尖</u>和<u>水社</u>平常在河边会做什么呢？

＿＿＿＿＿＿＿＿＿＿＿＿＿＿＿＿＿＿＿＿＿＿＿＿＿＿＿＿＿＿＿＿＿＿＿

2. 天上没有太阳和月亮之后，地上的生命怎么样了？

＿＿＿＿＿＿＿＿＿＿＿＿＿＿＿＿＿＿＿＿＿＿＿＿＿＿＿＿＿＿＿＿＿＿＿

3. <u>大尖</u>和<u>水社</u>两人为了找到太阳和月亮，他们做了些什么？

＿＿＿＿＿＿＿＿＿＿＿＿＿＿＿＿＿＿＿＿＿＿＿＿＿＿＿＿＿＿＿＿＿＿＿

4. 他们在哪儿找到了太阳和月亮呢？

＿＿＿＿＿＿＿＿＿＿＿＿＿＿＿＿＿＿＿＿＿＿＿＿＿＿＿＿＿＿＿＿＿＿＿

3 日月潭（下）

　　这个问题难住了两人。潭中的两条恶龙，张开嘴比岛还大，竖起尾巴比山还高，大尖和水社两个人，怎么样才能杀死恶龙，取出太阳和月亮呢？他们想不出办法，大尖急得跳了起来，可就是这一跳，大尖感到脚下的山似乎是空的。这让两人十分好奇，难道山中藏着什么东西？

　　他们决定走下山，看看空空的山里会有什么。还没到山下，他们就发现了一个山洞。洞里很黑，还有水在流，火把也不能用了。大尖和水社拉着手，慢慢地向山洞里头走去。

走了很久，突然洞的深处吹来了一阵大风，风中传来了一位老人的声音："勇敢的年轻人，这里有打败恶龙的金斧头和金剪刀，你们想要找到这两件宝物吗？"

黑暗中，大尖和水社看不见对方，可他们明白，他们已经来到了这里，就一定要得到宝物，打倒恶龙。于是他们拿起了脚边的石块，开始挖土。虽然两人都已经很累了，眼前也没有一丝光亮，但是他们想到被偷走的日月，就勇敢地坚持下去。一次又一次，一次又一次，他们不知道自己已经挖了多久，就在他们快要累倒时，终于看到了土下发出的金光。他们开心地说："我们终于挖到了！"

那土中的金斧头和金剪刀好像活了，自己飞到了大尖和水社的手里。一时间，他们两人马上感到了力量，山也震动了起来，为他们开出了一条道路。他们拿着两件宝物，跑出大山，直奔恶龙而去。

那两条恶龙看到了远处大山发出的金光，吓得进了水里。大尖马上举起金斧头，就向水里砍去。只见一道金光飞入水中，直直地砍到两条恶龙身上。水社拿起金剪刀，就向水里飞去。这下，太阳和月亮都掉了出来。

恶龙被打倒了，日月回到天空中，大地终于又有了光明。就在大家都高兴时，勇敢的大尖和水社却累倒了。他们倒下的地方，变成了两座山，一座叫做"大尖山"，一座叫做"水社山"，永远地守在圆圆的日潭和弯弯的月潭边，也就是现在的日月潭。

本级词

跳 tiào | to jump	传 chuán | to transmit, to pass
空 kōng | empty	金 jīn | golden
好奇 hàoqí | curious	对方 duìfāng | each other
难道 nándào | could it be said that ...	眼前 yǎnqián | before one's eyes
决定 juédìng | to decide	发出 fāchū | to send out
慢慢 mànmàn | slowly	力量 lìliàng | force, strength
突然 tūrán | suddenly	光明 guāngmíng | light

超纲词

竖 shù | to stick up

杀 shā | to kill

藏 cáng | to hide

阵 zhèn | measure word for wind, a gust of (wind)

勇敢 yǒnggǎn | brave

打败 dǎbài | to defeat

斧头 fǔtóu | ax

剪刀 jiǎndāo | scissor

挖 wā | to dig

偷 tōu | to steal

吓 xià | frightened

练 习

一、根据文章判断正误。

Tell right or wrong according to the article.

（　　）1. 大尖跳起来，是因为他知道山下是空的。

（　　）2. 山洞里传来的声音告诉大尖和水社怎么打败恶龙。

（　　）3. 大尖和水社很容易就取到了金斧头和金剪刀。

（　　）4. 恶龙不怕金斧头和金剪刀。

（　　）5. 大尖和水社死后变成了两座山。

二、选词填空。

Fill in the blanks with the words given below.

A. 眼前　　B. 好奇　　C. 突然　　D. 光明　　E. 发出　　F. 跳　　G. 力量

1. 大尖和水社两人想不出办法，大尖急得_____了起来。

2. 大尖感到脚下的山似乎是空的，这让两人十分_____，难道山中藏着什么东西？

3. 走了很久，_____洞的深处吹来了一阵大风，风中传来了一位老人的声音。

4. 虽然两人都已经很累了，_____也没有一丝光亮，但是他们想到被偷走的日月，就勇敢地坚持下去。

5. 他们不知道自己已经挖了多久，就在他们快要累倒时，终于看到了土下_____的金光。

6. 那土中的金斧头和金剪刀好像活了，自己飞到了大尖和水社的手里。一时间，他们两人马上感到了_____，山也震动了起来，为他们开出了一条道路。

7. 恶龙被打倒了，日月回到天空中，大地终于又有了_____。

三、根据文章回答问题。

Answer the questions below according to the article.

1. 文中说恶龙很大，从哪里可以看出来？

_____

2. 大尖和水社是怎么发现山是空的？

_____

3. 能打败恶龙的两件宝物是什么？是谁告诉他们的？

_____

4. 他们是怎样得到这两件宝物的呢？

_____

5. 大尖和水社打败了恶龙后，变成了什么？

_____

4 保护国宝——虢季子白盘

在青铜器中，有一件宝物是西周^{Xīzhōu}青铜器的代表。它长一米多，重四百多斤，就是著名的虢季子白盘^{Guó-Jì Zǐbái Pán}。虢季子白盘是虢季子白作战胜利后造的青铜器。

据说，大约在清朝^{Qīng}中后期，虢季子白盘出土于今天的陕西省宝鸡县^{Shǎnxī Bǎojī}，当时有一个江苏人^{Jiāngsū}，在陕西做官，他从农民家里买到了这个宝盘。后来，他又带着它回到了自己的家乡江苏 常州^{Cháng zhōu} 。1860年，常州被当时的太平天国^{Tàipíng Tiānguó}军队占领，宝盘也被当时的一位军队首领夺去了。四年之后，清朝一位高官 刘铭传^{Liú Míngchuán} 在常州打败了太平军，并住在常州的王府中。刘铭传每天都在王府处理公务，经常出去查看情况。一天晚上，他忽然听到远处传来叮叮当当的声音，非常好听。他觉得这个声音非常特别，就随着声音，找到了一个养马的地方。原来，那是马身上的铁环碰到马槽发出的声音。第二天早晨，他让人把这个马槽洗刷干净，发现马槽居然是一个青铜器，里面还有古代的文字。他请来一些学者认真研究，认出了青铜器上的字，知道这是两千多年前的宝物——虢季子白盘。后来，他把宝盘运回自己的家乡，还为它建了一个亭子，取名"盘亭"，把这个宝盘看做是传家的宝贝。

刘铭传获得宝盘以后，很多人都想尽办法要得到这件宝物，他都没答应。后来，中国经历了几十年的战乱，各种各样的人想要抢走宝盘。有一次，一个美国商人愿意花一大笔钱买下这个宝盘，而且还可以把刘家全家人送到美国，过上和平舒服的生活，可刘家人还是没有答应。刘家几代人为了保护宝盘，将它藏在地下，不告诉任何人。当地的大官曾经来到刘家，要看宝盘，刘家人直接拒绝说："我家没有这个盘。"

1949年中华人民共和国成立，刘铭传的第四代孙刘肃曾（Liú Sùzēng）先生将保护了几十年的虢季子白盘送给国家。它在20世纪50年代印在了中国邮票上，成为国家的名片。虢季子白盘现藏于中国国家博物馆。刘家几代人保护宝盘的故事感动了许多人。

注释

虢季子白盘 Guó-Jì Zǐbái Pán

Ji Zibai Plate of the Guo State is a famous piece of bronze ware with a long inscription cast on the inner base. It describes how Guo-Ji Zibai led an army to battle against the Xianyun State, and won the battle finally. This piece of work is of great historical and cultural value.

太平天国 Tàipíng Tiānguó

The Taiping Heavenly Kingdom (1851–1864) was a peasant regime that opposed the feudal rule of the Qing Dynasty and the invasion of foreign capitalism in modern China.

本级词

代表 dàibiǎo | representative

据说 jùshuō | it is said that ...

大约 dàyuē | about

农民 nóngmín | peasant

家乡 jiāxiāng | hometown

传来 chuánlái | to come through

里面 lǐmiàn | inside

古代 gǔdài | ancient times

文字 wénzì | characters

认出 rènchū | to recognize

建 jiàn | to build

经历 jīnglì | to experience

和平 hépíng | peace

曾经 céngjīng | once

成立 chénglì | to establish

年代 niándài | a decade of a century

邮票 yóupiào | stamp

超纲词

著名 zhùmíng | famous

盘 pán | sth. shaped like or used as a tray,
    plate, etc.

作战 zuòzhàn | to fight a battle

占领 zhànlǐng | to occupy

王府 wángfǔ | palace of a prince

远处 yuǎnchù | distance

槽 cáo | manger

居然 jūrán | unexpectedly

研究 yánjiū | to research

地下 dìxià | underground

印 yìn | to print

名片 míngpiàn | visiting card

博物馆 bówùguǎn | museum

练 习

一、根据文章选择正确答案。

Choose the correct answer according to the article.

1. 虢季子白盘是什么时代的宝物？ _____
   A. 西周
   B. 清朝
   C. 太平天国
   D. 中华人民共和国成立后

2. 刘家人为什么要将宝盘藏起来？ _____
   A. 想把宝盘留给子孙。
   B. 美国商人出的钱不够多。
   C. 怕宝盘被太平军抢走。
   D. 为了保护虢季子白盘。

二、根据文章为以下事件排序。

Rearrange the events below in chronological order according to the article.

A. 陕西农民发现虢季子白盘

B. 虢季子白盘现藏于中国国家博物馆

C. 宝盘被带到常州

D. 西周时虢季子白作战胜利后造这一宝盘

E. 刘肃曾把宝盘送给国家

F. 太平天国军队首领夺走虢季子白盘

G. 刘铭传再次发现宝盘

三、根据文章回答问题。

Answer the questions below according to the article.

1. 虢季子白盘是什么年代被发现的?

_____

2. 这个宝盘最早是从哪儿被带到江苏?

_____

3. 刘家人为了保护宝盘都做了哪些事情?

_____

4. 虢季子白盘现在在哪里?

_____

5 妈祖的传说

　　一千多年前，林默（Lín Mò）出生在福建（Fújiàn）湄洲岛（Méizhōu Dǎo）的一个村子里。她出生的时候，父亲看见天上有一道红光照进屋子，认为女儿一定不是普通人，非常喜欢她。奇怪的是，孩子已经出生一个月了，从没有哭过，所以家里人给她取名林默。

　　林默从小就十分聪明，很长的文章她只看一遍就能记住。十三岁那年，家里来了一位老师。林默跟着老师学习，很快就学会了许多法术。除了用法术帮助别人，她平时还会去山上找草药，给人看病。

　　这一天，林默送父亲和哥哥出海抓鱼，回到家后，她心里一直不安。晚上，正在睡觉的林默脸上露出十分痛苦的神情，母亲看到后马上叫醒了她。她哭着对母亲说："不好了，母亲！有不好的事情发生！梦里，我看到他们在海上碰到了大风，我的左手已经抓住父亲那条船。但是我刚要用右手拉哥哥那条船时，您突然把我叫醒，我没有抓住哥哥的船……哥哥可能掉进海里了。"

　　不一会儿，有人传来消息，果然和林默说的一样——海上吹起了大风，林默的哥哥掉进了海里，只有父亲保住了生命。林默伤心地来到海边，风依然很大。她看到一群鱼儿向海边游来，原来是它们把死去的哥哥送到了自己身边。

　　从那以后，林默的梦中都会出现海上发生的事情。只要是渔民出海的日子，她都会站在海边，希望每一个人都能平安回家。只要梦里有危险的情况出现，她都会马上去海里救人。在她的保护下，村里的人们一直都过着健康平安的生活，人们也非常感谢她。

二十八岁那年，林默告别了家人，一个人来到山上。当她爬上山时，天空突然黑了下来，一道白光冲上天，然后她就消失在了云中。人们看到天上飞来彩色的云，听见好听的歌声，都觉得她去了天上。后来，有许多渔民在海上看到过林默，她穿着一身红色的衣服，救起掉进海中的渔民，帮助他们安全到家。

每到农历三月二十三日，也就是林默生日那天，都会有一大群鱼围着林默出生的小岛，第二天天亮才离开。人们知道鱼儿是因为林默才来这里，所以在那天人们都不去抓鱼。后来人们就把那一天定为"休渔日"。人们还为了纪念林默，称她为"妈祖"，希望她继续保护渔民，给大家带来平安。

注释

妈祖 Māzǔ

The sea god in ancient Chinese mythology popular in coastal areas of China.

休渔日 xiūyúrì

In order to protect fishery resources, fishing is not allowed within the prescribed limits for a certain period of time.

本级词

父亲 fùqīn | father

照 zhào | to shine

奇怪 qíguài | strange, odd

文章 wénzhāng | article

除了 chúle | besides, apart from

不安 bù'ān | upset, restless

痛苦 tòngkǔ | painful

母亲 mǔqīn | mother

发生 fāshēng | to happen

消息 xiāoxi | message, news

果然 guǒrán | as expected

生命 shēngmìng | life

伤心 shāngxīn | sadly

游 yóu | to swim

希望 xīwàng | to wish, to hope

危险 wēixiǎn | dangerous

情况 qíngkuàng | situation

保护 bǎohù | protection

告别 gàobié | to bid farewell

消失 xiāoshī | to disappear

彩色 cǎisè | colorful

群 qún | group, flock, herd

纪念 jìniàn | to memorize

继续 jìxù | to continue

超纲词

聪明 cōngmíng | clever, smart

法术 fǎshù | magic arts

神情 shénqíng | look, expression

醒 xǐng | awake

渔民 yúmín | fishman

农历 nónglì | lunar calendar

练 习

一、根据文章判断正误。

Tell right or wrong according to the article.

(　) 1. 林默的父亲觉得她不是一个普通人，因为她不说话。

(　) 2. 林默跟着一个老师学会了很多法术，会给大家看病。

(　) 3. 有一天，林默睡觉的时候非常痛苦，因为她梦见她父亲和哥哥在
大海里遇到了危险。

(　) 4. 林默在睡梦中救了她的父亲和哥哥。

(　) 5. 为了纪念林默，人们称她为"妈祖"，还把她的生日定为"休渔
日"。

二、选词填空。

Fill in the blanks with the words given below.

A. 痛苦　　B. 纪念　　C. 保护　　D. 发生　　E. 危险　　F. 消失　　G. 果然

1. 晚上，正在睡觉的林默脸上露出十分＿＿＿＿＿＿＿的神情，母亲看到后马上叫
醒了她。

2. 林默哭着对母亲说："不好了，母亲！有不好的事情＿＿＿＿＿＿＿！"

3. 不一会儿，有人传来消息，＿＿＿＿＿＿＿和林默说的一样——海上吹起了大
风，林默的哥哥掉进了海里，只有父亲保住了生命。

4. 只要梦里有_____的情况出现，她都会马上去海里救人。

5. 在她的_____下，村里的人们一直都过着健康平安的生活，人们也非常感谢她。

6. 天空突然黑了下来，一道白光冲上天，然后林默就_____在了云中。

7. 人们还为了_____林默，称她为"妈祖"。

三、根据文章回答问题。

Answer the questions below according to the article.

1. 为什么林默一出生，父亲就觉得她不是普通人？

_____

2. 林默在梦中看到了什么？

_____

3. 为什么村子里的人们非常感谢林默？

_____

4. 林默真的"消失"了吗？

_____

5. 今天，世界各地的华人依然有庆祝"妈祖"生日的活动，你认为林默为什么会受到大家的尊敬？

_____

6 三顾茅庐

刘备、关羽和 张飞 是三个好兄弟。他们在一次大战中输给了曹操，所以希望有人能够帮助他们赢得胜利。刘备的好友说："只要能请诸葛亮来帮忙，我们就能够成功。可现在，诸葛亮住在他的家乡，离这里非常远，我们要想办法请他来。"三人听说诸葛亮十分聪明，非常高兴。刘备亲自准备好送给诸葛亮的礼物后，就和两位兄弟赶往诸葛亮的家乡。

那年冬天特别冷，大风和大雪直直地打在他们的脸上，可他们还是骑着马，在山里飞快地赶路。马跑不动了，他们就走路；找不到路了，他们就向周围村子的人问路。刘备知道关羽、张飞两人这一路上非常不容易，几次要他们回去，可关羽和张飞不同意，一起回答道："我们兄弟三人，连死都不怕，还怕冷吗？"刘备非常感动，三人继续赶路。

过了几天，他们终于来到了诸葛亮的家乡。刚刚走到路边，他们就听到前面有人在唱歌。刘备下了马，走上前问："请问诸葛先生住在这里吗？"那个人说："我唱的这首歌，就是诸葛先生写的。他住在前面的山里，你们往前走吧。"那个人指了指前面的山，又唱了起来。

他们只用了半天时间就找到了诸葛亮的家，可诸葛亮的家人却告诉他们：先生这几天出门了，不知道去了哪里，也不知道什么时候会回来。张飞十分生气，还没有开口，刘备就先说："好，我们先回去。请告诉诸葛先生，刘备三人来过家中。"说完，刘备就和关羽两人拉着张飞离开了。

几天后的中午，他们第二次来到诸葛亮家中。诸葛亮的弟弟正好在家，弟弟告诉三人：哥哥今天早晨刚刚出门，希望他们过几天再来。两次都没有见到诸葛亮，这下连关羽也急了，可刘备还是说："好，我们过几天再来。"

为了请来诸葛亮，帮助自己战胜曹操，刘备坚持要见到诸葛亮。第二年的春天，他们第三次前往诸葛亮的家乡。这天，他们来到诸葛亮家门口，远远地看见屋子里有个年轻人正在休息。见到三人在门外，家人出来告诉他们，诸葛先生正在休息。刘备小声地说："我们会在门外等待，请不要叫醒先生。"

下午，诸葛亮醒了，他听说门外正是已经来过两次的刘备。见刘备第三次来家里都在安静地等他，诸葛亮心中非常感动，马上出门迎接。诸葛亮和刘备两人谈了不久，就信任了对方。诸葛亮表示，他有决心，一定会帮助刘备战胜曹操。

后来，在诸葛亮的帮助下，刘备果然多次取得胜利。

注释

三顾茅庐 sāngùmáolú

It's a story that happened in the Three Kingdoms period in Chinese history. It shows how to invite talented people to help oneself in a humble and sincere manner.

本级词

输 shū | to lose

胜利 shènglì | victory

成功 chénggōng | to succeed

亲自 qīnzì | in person

赶 gǎn | to hurry on

周围 zhōuwéi | nearby, surrounding

容易 róngyì | easy

同意 tóngyì | to agree

指 zhǐ | to point

前往 qiánwǎng | to head for

等待 děngdài | to wait

迎接 yíngjiē | to welcome

信任 xìnrèn | to trust

决心 juéxīn | determination

超纲词

茅庐 máolú | thatched cottage

兄弟 xiōngdì | brother

赢得 yíngdé | to win

首 shǒu | piece

战胜 zhànshèng | to defeat, to conquer

练 习

一、根据文章判断正误。

Tell right or wrong according to the article.

（　　　）1. 三顾茅庐讲的是刘备三次去诸葛亮的茅庐照顾他的故事。

（　　　）2. 刘备请诸葛亮是为了让他帮助自己打败曹操。

（　　　）3. 为了见到诸葛亮，刘关张三兄弟克服了很多困难。

（　　　）4. 路边有人唱诸葛亮写的歌，说明诸葛亮很有名。

（　　　）5. 诸葛亮很感动是因为刘备亲自为他准备了礼物。

二、选词填空。

Fill in the blanks with the words given below.

A. 赶　　B. 等待　　C. 同意　　D. 信任　　E. 周围　　F. 胜利　　G. 前面

1. 刘备、关羽和张飞在山里飞快地＿＿＿＿＿路。

2. 马跑不动了，他们就走路；找不到路了，他们就向＿＿＿＿＿村子的人问路。

3. 刘备知道关羽、张飞两人这一路上非常不容易，几次要他们回去，可关羽和张飞不＿＿＿＿＿。

4. 刚刚走到路边，他们就听到＿＿＿＿＿有人在唱歌。

5. 家人出来告诉他们，诸葛先生正在休息。刘备小声地说："我们会在门外＿＿＿＿＿，请不要叫醒先生。"

6. 诸葛亮和刘备两人谈了不久，就＿＿＿＿＿了对方。

7. 后来，在诸葛亮的帮助下，刘备果然多次取得＿＿＿＿＿。

三、根据文章回答问题。

Answer the questions below according to the article.

1. 刘备为什么让两个兄弟回去？关羽和张飞为什么不同意？

＿＿＿＿＿＿＿＿＿＿＿＿＿＿＿＿＿＿＿＿＿＿＿＿＿＿＿＿＿＿＿＿＿

2. 为什么诸葛亮见到刘备时心中非常感动？

＿＿＿＿＿＿＿＿＿＿＿＿＿＿＿＿＿＿＿＿＿＿＿＿＿＿＿＿＿＿＿＿＿

3. "三顾茅庐"常常用来比喻真心诚意、一再邀请有才干的人，表示对对方的尊重。诸葛亮正是因为被刘备的真诚感动，一生都在全力辅佐刘备。你认为这种寻求人才的方式在今天过时了吗？在当代社会，人才可以有各种各样的选择，还有必要因为对方的真诚为对方服务吗？请谈谈你的看法。

＿＿＿＿＿＿＿＿＿＿＿＿＿＿＿＿＿＿＿＿＿＿＿＿＿＿＿＿＿＿＿＿＿

7 唐太宗纳谏

中国古代，皇帝接受大臣正确的意见，叫作"纳谏"。唐太宗就是一个经常 (Táng Tàizōng) "纳谏"的皇帝。他接受的意见中，有许多来自一个叫 魏征 的大臣。 (Wèi Zhēng)

魏征是一个有理想、有责任心的大臣，他希望大家能过上幸福的生活。他对唐太宗说："好的皇帝能听不同的意见，糟糕的皇帝却只听和相信一方。"说完，他又给唐太宗举了历史上的例子。从此，唐太宗就特别注意纳谏。不过，虽然太宗很贤明，但他有时候也会生气。幸运的是，唐太宗还有一位特别好的皇后，常常帮助他。

有一天，唐太宗退朝后回到房间，非常生气地说："我一定要杀了这个讨厌的家伙！"皇后就问他："你说的是谁？"太宗回答道："魏征啊！他一有机会就来找我麻烦。每次在大家面前，他都说我有很多问题，让我难堪。我太生气了，所以想要杀了他。"皇后知道魏征是个非常好的大臣，想要救他，但是看唐太宗正在生气，她心里明白：如果直接和他说不应该杀魏征，他一定会更加生气。于是皇后就默默退了下去，换上正式的衣服，站在大门口。唐太宗看见，奇怪地问："今天又不是节日，你为什么要穿成这样呢？"皇后说："我听说古时候圣人这样说：'如果皇帝非常贤明，就会让别人给他提意见，那么大臣就<u>敢</u>直接说出自己的意见，不用担心皇帝生气。'今天，我听说<u>魏征</u>不怕您，能够直接向您提意见，那就说明您是一个好皇帝，能高高兴兴地接受别人的意见，因为他们知道，就算说了，皇帝也不会责怪他们。您是一个好皇帝，这是天下人的<u>福气</u>啊，所以我一定要穿上这件衣服来<u>祝贺</u>您啊！"<u>太宗</u>听完皇后的话，一下子就明白了她的意思，他<u>不仅</u>不再生气，而且感到非常不好意思。

当时的<u>唐太宗</u>，在<u>外面</u>有<u>魏征</u>这样敢直接说出自己意见的大臣，家里又有这么聪明的皇后，这也是为什么<u>唐太宗</u>能够成为一个<u>厉害</u>的皇帝。

后来，<u>魏征</u><u>去世</u>的时候，<u>唐太宗</u>非常伤心。他一边哭一边说："人只有照<u>镜子</u>，看清楚全身的衣服，才能把衣服穿好；我只有听大臣们的意见，想清楚自己<u>管理</u>国家的问题，才能把事情办好。现在<u>魏征</u>死了，我就永远地<u>失去</u>了一面重要的镜子啊！"

注释

唐太宗 Táng Tàizōng

The second emperor of the Tang Dynasty, one of the greatest emperors in Chinese history.

本级词

责任 zérèn | responsibility

注意 zhùyì | to pay attention to

幸运 xìngyùn | lucky

麻烦 máfan | trouble

退 tuì | to draw back

正式 zhèngshì | formal

敢 gǎn | to dare

不仅 bùjǐn | not only

外面 wàimiàn | outside

去世 qùshì | to pass away

管理 guǎnlǐ | to manage

失去 shīqù | to lose

超纲词

纳谏 nàjiàn | to accept suggestions
　　　　(criticisms in particular)

皇帝 huángdì | emperor

大臣 dàchén | minister

糟糕 zāogāo | bad, terrible

历史 lìshǐ | history

从此 cóngcǐ | from now on, henceforth

贤明 xiánmíng | sagacious

皇后 huánghòu | empress

讨厌 tǎoyàn | horrid, annoying

家伙 jiāhuo | guy

难堪 nánkān | embarrassed

默默 mòmò | in silence

福气 fúqi | luckiness, blessing

祝贺 zhùhè | to congratulate

厉害 lìhai | excellent

镜子 jìngzi | mirror

练 习

一、根据文章判断正误。

Tell right or wrong according to the article.

（　　　）1. 魏征经常给唐太宗带来麻烦，所以唐太宗天天都想杀了他。

（　　　）2. 唐太宗能够成为一个好皇帝，是因为他能听不同大臣的意见。

（　　　）3. 皇后穿上正式的衣服，是因为这一天很特别。

（　　　）4. 魏征死了，唐太宗并不伤心，因为他很高兴没人找他麻烦了。

（　　　）5. 唐太宗觉得，魏征就像一面镜子一样帮助他。

28

二、选词填空。

Fill in the blanks with the words given below.

A. 伤心　　B. 失去　　C. 幸运　　D. 麻烦　　E. 希望　　F. 管理　　G. 敢

1. 魏征是一个有理想、有责任心的大臣，他_____大家能过上幸福的生活。

2. _____的是，唐太宗还有一位特别好的皇后，常常帮助他。

3. 他一有机会就来找我_____。每次在大家面前，他都说我有很多问题，让我难堪。

4. 如果皇帝非常贤明，就会让别人给他提意见，那么大臣就_____直接说出自己的意见。

5. 后来，魏征去世的时候，唐太宗非常_____。

6. 人只有照镜子，看清楚全身的衣服，才能把衣服穿好；我只有听大臣们的意见，想清楚自己_____国家的问题，才能把事情办好。

7. 现在魏征死了，我就永远地_____了一面重要的镜子啊！

三、讨论下列问题。

Discuss the questions below.

唐太宗注意纳谏，所以是一个好皇帝、好的管理者。你可以举出你所知道的其他好皇帝（好的管理者）的例子吗？你为什么认为他是个好皇帝（好的管理者）呢？请简述你的理由。

8 鸠摩罗什

Jiūmóluóshí
鸠摩罗什是古代著名的翻译大师。

鸠摩罗什从小就喜欢学习佛经，聪明过人。七岁时，鸠摩罗什成为一名僧人。有一天，他看见一个大鼎，想也没想就把它举了起来。旁边的人看见后，感到十分奇怪。有人说："十个大人都举不起这个鼎，你一个小孩是怎么做到的？"

听到这些话后，鸠摩罗什放下了鼎。等他再想举时，发现自己举不起来了。这时，他突然明白了：心中只想到纸的时候，任何东西都能变得像纸那么轻；但心中想到鼎后，任何东西都可能变得像鼎那么重，轻和重的不同，可能只是我们心中想法的不同。七岁的鸠摩罗什就已经对"不同"和"人的想法"有了深刻的认识。

少年时代的鸠摩罗什就已经非常有名，许多人都希望他能来到自己的国家，但他没有答应，还是不断地认真学习。一天，鸠摩罗什和母亲走在路上，有一位僧人一直看着鸠摩罗什，他对鸠摩罗什的母亲说："你的儿子将来一定会成为一个伟大的人。"

后来，鸠摩罗什来到中国。在他来中国前，有一天晚上，首都的一条路上的树长成了大树，一个花园里普通的草长成了香草。人们认为，这代表着马上就会有好事发生。原来，当时中国的皇帝派人请鸠摩罗什来中国。

皇帝亲自迎接鸠摩罗什，还专门为他安排了教学的地方，有三千多位僧人跟着鸠摩罗什学习，和他一起翻译佛经。

鸠摩罗什的中文水平很高。他发现，因为语言的不同，以前翻译的佛经中有一些错误。为了修改这些错误，他就请了全国许多地方的僧人，和他们一起重新翻译佛教经典。鸠摩罗什翻译的时候非常认真，常常忘记吃饭和休息，但他一点儿也不觉得累，还很愿意和皇帝交流自己的想法。正是因为鸠摩罗什和大家的坚持，他们最后翻译出了许多部重要的佛教经典。

鸠摩罗什去世前说："如果我翻译的佛教经典没有错误，那么我死后舌头就不会烂掉。"他去世后，他的舌头果然没有烂掉，他和僧人们翻译的佛教经典也一直传到了今天。

注释

鸠摩罗什 Jiūmóluóshí

An eminent monk in ancient times who translated many famous Buddhist sutras.

本级词

深刻 shēnkè | profound

时代 shídài | times, era

不断 búduàn | continuously

将来 jiānglái | (in the) future

伟大 wěidà | great

首都 shǒudū | capital

派 pài | to send

专门 zhuānmén | specially

安排 ānpái | to arrange

错误 cuòwù | error

修改 xiūgǎi | to revise

交流 jiāoliú | to communicate

部 bù | volume

超纲词

翻译 fānyì | translation

大师 dàshī | master

佛经 fójīng | Buddhist sutras

僧人 sēngrén | monk

鼎 dǐng | a bronze tripod as a symbol of dynasty

经典 jīngdiǎn | classics, scriptures

舌头 shétou | tongue

烂 làn | rotten

练 习

一、根据文章判断正误。

Tell right or wrong according to the article.

（　　）1. 鸠摩罗什从小就学习佛经，并成为一名僧人。

（　　）2. 鸠摩罗什能把很重的鼎举起来，是因为他小时候力气很大。

（　　）3. 鸠摩罗什能成为一个伟大的人，是因为他从小学习中文。

（　　）4. 鸠摩罗什来到中国以后，一个人翻译佛经。

（　　）5. 鸠摩罗什的舌头没有烂掉，是因为他翻译的佛经没有错误。

二、选词填空。

Fill in the blanks with the words given below.

A. 深刻　　B. 交流　　C. 安排　　D. 伟大　　E. 不断　　F. 部　　G. 修改

1. 七岁的鸠摩罗什就已经对"不同"和"人的想法"有了_____的认识。

2. 少年时代的<u>鸠摩罗什</u>就已经非常有名，许多人都希望他能来到自己的国家，但他没有答应，还是_____地认真学习。

3. 有一位僧人对<u>鸠摩罗什</u>的母亲说："你的儿子将来一定会成为一个_____的人"。

4. <u>中国</u>的皇帝亲自迎接<u>鸠摩罗什</u>，还专门为他_____了教学的地方。

5. 为了_____这些错误，他就请了全国许多地方的僧人，和他们一起重新翻译<u>佛教</u>经典。

6. <u>鸠摩罗什</u>翻译的时候非常认真，常常忘记吃饭和休息，但他一点儿也不觉得累，还很愿意和皇帝_____自己的想法。

7. 正是因为<u>鸠摩罗什</u>和大家的坚持，他们最后翻译出了许多_____重要的<u>佛教</u>经典。

三、根据文章回答问题。

Answer the questions below according to the article.

1. <u>鸠摩罗什</u>小时候为什么能举起大鼎呢? 后来他却举不起来了, 他是怎么想的?

_____

2. <u>鸠摩罗什</u>去世前说了什么？ 这说明什么？

_____

3. 你知道哪些外国人对你们国家的文化产生了影响吗? 举出你所知道的例子。

_____

9 关于价值

　　从前，有个富人家的孩子在很小的时候，因为不愿意听父亲的话，离开了家，过起了到处流浪的生活，人们叫他"穷子"（Qióngzi）。

　　父亲一直在找这个儿子，害怕他过得不好。这个孩子长大后流浪了许多年，他的生活越来越困难。

　　一天，穷子在流浪时，走到一间大房子前。他觉得这间房子非常漂亮，发现房子里放着许许多多的好东西，这些是他从来都没有见过的。一会儿，一位老人走了出来。老人马上就认出，穷子就是自己的儿子。穷子见老人直接向自己跑来，以为老人要赶走他，害怕地跑开了。

　　老人看到穷子跑开，没有追上去。他看见儿子穿着破衣服，对自己很没有信心的样子，心想：应该怎么帮助他呢？老人想到了一个办法，他派家中的两个人去接近穷子，告诉他家里缺少干活儿的人，只要他认真工作，就能拿到不少钱。穷子听了，相信了他们，就来到了老人的家中。

　　见到老人后，穷子问："我没有技术也可以在这里工作吗？"老人告诉他："和我相比，你年轻，还有力气，也愿意工作，这些不都是你的能力吗？"穷子听了老人的话，点了点头。

　　穷子的工作是打扫卫生。通过他的努力工作，家里最脏的地方也变得非常干净。穷子工作时，老人就穿着破衣服，装成工人和穷子一起干活儿。老人观察穷子，发现他工作越来越认真，心情也越来越好。工作结束后，穷子还告诉老人："以前，我觉得自己是个没用的人，每天都在等待别人给我食物和钱；现在，我才发现原来自己努力工作，不仅能得到钱，而且能帮助别人，这让我非常快乐。"

　　老人听后非常感动，就把家里所有人叫到一起，告诉大家穷子就是自己的儿

子。<u>穷子</u>这时才明白，原来是父亲在帮助他。他懂得了一个道理：每个人本来就有自己的价值，只是很多时候没有发现；只要我们通过努力，就一定能实现自己的价值。

这个故事告诉我们，人人都有价值，需要做的就是认识自己的价值。

本级词

价值 jiàzhí | value

从前 cóngqián | once upon a time

富 fù | rich

害怕 hàipà | to be afraid

追 zhuī | to catch up

破 pò | broken, ragged

接近 jiējìn | to approach

缺少 quēshǎo | to lack, to be short of

技术 jìshù | technique, skill

相比 xiāngbǐ | to compare ... with ...

能力 nénglì | capacity, ability

卫生 wèishēng | hygiene, sanitation

观察 guānchá | to observe

结束 jiéshù | to finish

没用 méiyòng | useless

本来 běnlái | originally

需要 xūyào | to need

超纲词

流浪 liúlàng | to wander

穷 qióng | poor

力气 lìqi | strength

打扫 dǎsǎo | to clean up

练 习

一、根据文章判断正误。

Tell right or wrong according to the article.

(   ) 1. 穷子是被他父亲赶走的。

(   ) 2. 老人看到穷子跑开，没有追上去，因为他还在生穷子的气。

(   ) 3. 老人只是想要穷子帮他打扫卫生，并不是真的想要帮助他。

(   ) 4. 穷子通过努力工作，发现了自己的价值，这使他非常快乐。

(   ) 5. 这个故事告诉我们每个人都能通过努力发现自己的价值。

二、选词填空。

Fill in the blanks with the words given below.

A. 技术   B. 观察   C. 接近   D. 相比   E. 缺少   F. 害怕   G. 价值

1. 穷子见老人直接向自己跑来，以为老人要赶走他，_____地跑开了。

2. 老人想到了一个办法，他派家中的两个人去_____穷子，告诉他家里_____干活儿的人，只要他认真工作，就能拿到不少钱。

3. 穷子问："我没有_____也可以在这里工作吗？"

4. 老人告诉他："和我_____，你年轻，还有力气，也愿意工作，这些不都是你的能力吗？"

5. 老人_____穷子，发现他工作越来越认真，心情也越来越好。

6. 每个人本来就有自己的_____，只是很多时候没有发现。

三、根据文章回答问题。

Answer the questions below according to the article.

1. 穷子小时候为什么要离开家呢？

_____

2. 穷子在老人家里干活时表现得怎么样？

_____

3. 穷子干活的时候，老人是怎么做的？

_____

4. 穷子通过劳动，有什么新的感受和发现呢？

_____

5. 这个故事对你有什么启发？

_____

10 日本诗人晁衡

　　<ruby>唐<rt>Táng</rt></ruby>朝时期的中国是当时世界上最发达的国家，在那时，中国就和许多国家都建立了友好的关系，每年都会有许多外国人来到中国。当时，日本有一个叫做<ruby>阿倍仲麻吕<rt>Ā bèi Zhòngmálǔ</rt></ruby>的人，他非常喜欢中国，从小就学习<ruby>汉语<rt>Hànyǔ</rt></ruby>和中国文化，希望长大后能来到中国学习。

　　十八岁时，阿倍的愿望实现了，他十分幸运地成为一名留学生，被送到当时中国的<ruby>洛阳<rt>Luòyáng</rt></ruby>，和中国学生一起学习。他非常努力地读书，每天都会花不少时间读背老师安排的文章，所以他的汉语水平进步得非常快。一年后，他参加了中国的科举考试，成绩突出，成为一名国家图书馆的管理人员。皇帝很重视阿倍仲麻吕，亲自为他取了一个中文名字——"<ruby>晁衡<rt>Cháo Héng</rt></ruby>"。

　　晁衡的工作是在图书馆整理书本、补充书中缺少的内容。虽然工作比较容易，但他一直非常小心认真，很少出现错误。除了工作，他还可以和喜欢文学的朋友一起交流。他的朋友中就有非常有名的诗人<ruby>储光羲<rt>Chǔ Guāngxī</rt></ruby>、<ruby>王维<rt>Wáng Wéi</rt></ruby>和<ruby>李白<rt>Lǐ Bái</rt></ruby>。储光羲曾经写诗，记下他们一起出去玩儿的故事；李白也曾经写过一首诗，感谢晁衡送给自己一件来自日本的衣服。

　　图书馆的工作，晁衡一做就是30多年。55岁时，已经是国家图书馆馆长的他想回到自己的故乡。他的朋友们都非常难过，当时唐朝的皇帝 <ruby>唐玄宗<rt>Táng Xuánzōng</rt></ruby> 写了一首诗送给他，给了他非常高的评价，并希望更多的外国人能把中国文化带到国外。

　　令人没有想到的是，晁衡坐的船在海上遇到了大风，船上所有人都掉进了大海。听到这个消息，他的朋友们非常伤心，<u>李白</u>一边哭一边写下了《哭<u>晁衡卿</u>》，纪念这位重要的朋友。幸运的是，<u>晁衡</u>并没有死，他经历了许多困难，终于在两年后回到了<u>中国</u>。

晁衡一生创作了许多文学作品，他的朋友们也写下了许多和他相关的诗和文章。<u>晁衡</u>为<u>中国</u>和<u>日本</u>的文化交流、友好发展做出了很多的努力。直到今天，<u>中国</u>和<u>日本</u>的许多地方都还有纪念<u>晁衡</u>的活动。

注释

阿倍仲麻吕 Ābèi Zhòngmálǚ

A famous Japanese poet of the Tang Dynasty, whose Chinese name was Chao Heng. He made great contributions to the Sino-Japanese cultural communication in the Tang Dynasty.

本级词

世界 shìjiè | world, globe

发达 fādá | developed

建立 jiànlì | to build

关系 guānxi | relation

文化 wénhuà | culture, civilization

愿望 yuànwàng | wish, desire

进步 jìnbù | to improve, to progress

突出 tūchū | outstanding

人员 rényuán | personnel

整理 zhěnglǐ | to sort out

补充 bǔchōng | to add

内容 nèiróng | content

文学 wénxué | literature

故乡 gùxiāng | hometown

评价 píngjià | evaluation

创作 chuàngzuò | to create

作品 zuòpǐn | works

相关 xiāngguān | relevant

发展 fāzhǎn | development

超纲词

诗人 shīrén | poet

时期 shíqī | time, period

科举 kējǔ | imperial examination

卿 qīng | an honorific title of endearment and affection in ancient times

练 习

一、根据文章判断正误。

Tell right or wrong according to the article.

（　　）1. 阿倍的汉语水平进步得非常快，因为他的老师对他要求很高。

（　　）2. "晁衡"是皇帝亲自给阿倍取的中文名字。

（　　）3. 王维、李白和晁衡一起在图书馆工作，整理书本、补充书中缺少内容。

（　　）4. 晁衡死后，李白十分伤心，写下了《哭晁衡卿》纪念他。

（　　）5. 晁衡为中日两国的文化交流、友好发展做了很多的努力。

二、选词填空。

Fill in the blanks with the words given below.

A. 建立　　B. 重视　　C. 评价　　D. 进步　　E. 容易　　F. 作品　　G. 补充

1. 在唐朝时，中国就和许多国家都_____了友好的关系，每年都会有许多外国人来到中国。

2. 他非常努力地读书，每天都会花不少时间读背老师安排的文章，所以他的汉语水平_____得非常快。

3. 皇帝很_____阿倍仲麻吕，亲自为他取了一个中文名字——"晁衡"。

4. 晁衡的工作是在图书馆整理书本、_____书中缺少的内容。

5. 虽然工作比较_____，但他一直非常小心认真，很少出现错误。

6. 当时唐朝的皇帝唐玄宗写了一首诗送给晁衡，给了他非常高的_____。

7. 晁衡一生创作了许多文学_____，他的朋友们也写下了许多和他相关的诗和文章。

三、根据文章回答以下问题。

Answer the questions below according to the article.

1. 晁衡小时候的愿望是什么？

_____

2. 十八岁时的晁衡是怎样来到中国的？

_____

3. 晁衡在图书馆做什么工作？他做得怎么样？

_____

4. 晁衡回日本时所坐的船在海上发生了什么事？

_____

5. 你认为晁衡是一个什么样的人，为什么？

_____

11 丝路公主

　　几千年前，<u>中国</u>就不断地向<u>西域</u>，^{Xīyù}甚至更远的<u>欧洲</u>^{Ōuzhōu}出口丝绸。<u>西域</u>人一开始也不知道丝绸是怎么来的。可是他们离<u>中国</u>不远，没过多长时间，他们就弄清楚了生产丝绸的过程，很想学习。但是，<u>中国</u>的皇帝有规定，不能告诉外国人养蚕和生产丝绸的秘密，出国时的检查也非常严格。后来，<u>西域</u>于阗国^{Yútián}的年轻国王想出了一个好办法。

　　这个国王派人到<u>中国</u>去求婚。当时<u>中国</u>的皇帝考虑到在<u>西域</u>有这样一个友国，对西北的安全也很有利，于是答应了他们的请求。<u>于阗</u>国王挑选了几个聪明的使者，把这个重要的任务交给了他们。

　　<u>中国</u>的公主知道了自己将要去那么远的地方，也不知道国王是个什么样的人，心里非常不安。这时，<u>于阗</u>使者来了。公主心想，来得正是时候，就请使者进来见面。使者见到公主后，送上一幅画。公主展开这幅画，只见画上的国王年轻英俊，心情好了很多。使者对公主说，他们的国王非常有能力，国家非常富有，还说国王已经决定，会完全按照公主的要求，做好一切准备。听到这些，公主问："你们说的都是真的吗？"使者赶紧回答："小人说的都是真的。不过……"使者抬起头看了一下，想说却又停下了。公主明白，他一定有什么话要说，于是就让身边的人离开。使者这才对公主说："不过，公主，我们国家没有您身上穿的丝绸……"

　　公主听后，马上就说："这有什么难的，我让父皇多给一些就是了。"使者回答说："好是好，可是，这能管多少年呢？以后您的孩子哪还有丝绸衣服穿呢？""这个……"公主回答不上来了。使者一看机会来了，赶紧说："我有一个好办法，您是不是可以带些蚕种过去，这样不就可以自己生产丝绸吗？"公主

一听，这确实是个好办法，不过出国检查很严格，怎么样才能把蚕种带出国呢？

出发的日子到了，公主的队伍来到了边境，边境的士兵非常认真，严格检查公主和所有人的行李。他们仔细检查了各处，就是不敢检查公主头上的帽子，那可是皇帝送给她的。公主到达于阗国后，终于见到了那位年轻英俊的国王，她脱下头上的帽子，取出了从中国带来的蚕种。中国的蚕种就这样安全地到达了于阗国。从此，整个西域地区的丝绸业开始发展起来。

唐代高僧玄奘（Xuánzàng）在去印度（Yìndù）求取佛经的路上，到过于阗国。他听说了这个有趣的故事后，就把它写入了《大唐西域记》这本书中。而在20世纪，英国（Yīngguó）有一位探险家在中国新疆（Xīnjiāng）和阗（Hétián）(今和田（Hétián）地区)附近发现了一块木板，上面画着一个公主，旁边有一个侍女手指着公主的帽子。由于这位中国公主对当地有功，人们为了纪念她，就叫她"丝路公主"，并把她的故事画在了木板上。

注释

于阗 Yútián
Yutian State, a state on the Silk Road, named Hetian today in Xinjiang.

玄奘 Xuánzàng
A famous monk in the Tang Dynasty, who travelled to India and took many Buddhist sutras back to China and translated them.

《大唐西域记》 Dàtáng Xīyù Jì
A book written by Xuanzang, who travelled back from the West in the 7th century.

本级词

生产 shēngchǎn | to produce
过程 guòchéng | process
规定 guīdìng | regulation
有利 yǒulì | beneficial, advantageous
任务 rènwu | assignment, task
展开 zhǎnkāi | to unfold
按照 ànzhào | according to

赶紧 gǎnjǐn | quickly
确实 quèshí | really, indeed
行李 xíngli | luggage
到达 dàodá | to arrive
地区 dìqū | area, region
由于 yóuyú | due to, because

超纲词

甚至 shènzhì | even	富有 fùyǒu | rich
丝绸 sīchóu | silk	蚕种 cánzhǒng | silkworm eggs
蚕 cán | silkworm, a worm that can produce silk	队伍 duìwu | procession
秘密 mìmì | secret	边境 biānjìng | frontier, border
严格 yángé | strict	脱 tuō | to take off
求婚 qiúhūn | to make a proposal (of marriage)	有趣 yǒuqù | interesting
考虑 kǎolǜ | to consider	探险 tànxiǎn | to explore
使者 shǐzhě | envoy	木板 mùbǎn | plank
公主 gōngzhǔ | princess	功 gōng | contribution, merit
英俊 yīngjùn | handsome	

练 习

一、根据文章判断正误。

Tell right or wrong according to the article.

（　　）1. 中国不想让其他国家知道丝绸生产的秘密。

（　　）2. 西域于阗国国王喜欢中国的公主，所以想要求婚。

（　　）3. 中国的公主想到要去那么远的西域生活，有点担心。

（　　）4. 边境的士兵不想检查公主的帽子。

（　　）5. 蚕种是这位中国公主带出中国的。

二、选词填空。

Fill in the blanks with the words given below.

A. 任务　　B. 确实　　C. 不安　　D. 生产　　E. 到达　　F. 行李　　G. 决定

1. 西域离中国不远，没过多长时间，他们就弄清楚了_____丝绸的过程，很想学习。

2. 于阗国王挑选了几个聪明的使者，把这个重要的_____交给了他们。

3. 中国的公主知道了自己将要去那么远的地方，也不知道国王是个什么样的人，心里非常_____。

4. 国王已经_____，会完全按照公主的要求，做好一切准备。

5. 公主一听，这_____是个好办法，不过出国检查很严格，怎么样才能把蚕种带出国呢？

6. 边境的士兵非常认真，严格检查公主和所有人的_____。

7. 公主_____于阗国后，终于见到了那位年轻英俊的国王。

三、根据文章回答问题。

Answer the questions below according to the article.

1. 为什么这位公主被称为"丝路公主"呢？

_____

2. 为了得到蚕种生产丝绸，于阗国的国王想出了什么好办法？

_____

3. 公主用了什么方法把蚕种带出中国？

_____

_____

4. 当地人是怎样纪念这位公主的？

_____

_____

12 中医的望闻问切

传说很久以前，<ruby>黄帝<rt>Huángdì</rt></ruby>发明了中医，几千年来，中医不断发展，是中国人从实践中得出的经验。

中医给病人看病时，有四个字叫做"望闻问切"。其中"望"也就是"看"，中医给病人看病，这个"看"字非常重要。<ruby>春秋战国<rt>Chūnqiū Zhànguó</rt></ruby>的时候，有位医生叫<ruby>扁鹊<rt>Biǎnquè</rt></ruby>，他治好过很多人，在当时就已经很有名了。传说扁鹊只要看一眼，就能知道病人的身体情况，做出判断，但他不给不讲道理的人、不相信医生的人、觉得身体不重要的人治病。

有一天，扁鹊见到了<ruby>蔡桓公<rt>Cài Huángōng</rt></ruby>，他站着看了一会儿，就对蔡桓公说："您现在有小病，只是在皮的表面，但是如果不马上治疗的话，恐怕病会向身体里边发展。"蔡桓公不相信，说："我没有病。"扁鹊离开后，蔡桓公对身边的人说："看，这些医生就喜欢给没病的人治病来表现自己。"

过了大约十天，扁鹊又见到了蔡桓公，他对蔡桓公说："你的病已经发展到皮和肉之间了，如果不管它，你会病得更重的。"这一次，蔡桓公心里很不高兴，依旧没有听扁鹊的话。十几天过去了，扁鹊再一次来见蔡桓公，他说："你的病已经发展到肠胃里了，如果再不及时治疗的话，你还会病得更重。"蔡桓公还是不听他的。很快又过去了十天，扁鹊远远地刚见着蔡桓公，就马上跑了。

蔡桓公觉得很奇怪，派人去问扁鹊原因。扁鹊对那个人说："病在皮表面的时候，只要用热水就能够治好；病到皮和肉之间，用针灸的方法，也是可以治好

的；就算是病到了肠胃里，都还能通过吃药治好；可是，要是病进一步发展，已经到了骨头里，那时候找医生也晚了，只有死路一条。现在他的病就已经到骨头里了，所以我也没办法再给他治病了。"果然，几天后，蔡桓公觉得身体非常难受，这才紧张起来，赶紧叫人去找扁鹊，可是这时扁鹊已经到别的地方去了。蔡桓公的病已经没办法治了，没过多久他就病死了。

到了今天，中医的不少道理还是很难讲清楚，这让一些人不相信中医。可是，中医治好了几千年来无数中国人的病，直到现在也还起着重要的作用，这却是事实啊。

注释

望闻问切 wàng-wén-wèn-qiè

Looking, listening, questioning and feeling the pulse — four ways of diagnosis in traditional Chinese medicine.

黄帝 Huángdì

Yellow Emperor, one of the legendary Chinese sovereigns and culture heroes.

春秋战国 Chūnqiū Zhànguó

The period of Spring and Autumn, and Warring States (770 B.C. – 221 B.C.).

本级词

发明 fāmíng | to invent

经验 jīngyàn | experience

判断 pànduàn | judgement

皮 pí | skin

表面 biǎomiàn | surface

恐怕 kǒngpà | supposedly

表现 biǎoxiàn | to show off

管 guǎn | to deal with

及时 jíshí | in time

进一步 jìnyíbù | further

紧张 jǐnzhāng | nervous

事实 shìshí | fact, truth

超纲词

实践 shíjiàn | practice

治疗 zhìliáo | to cure, to treat

依旧 yījiù | still

肠 cháng | intestine

胃 wèi | stomach

针灸 zhēnjiǔ | acupuncture

骨头 gǔtou | bone

练 习

一、根据文章判断正误。

Tell right or wrong according to the article.

（　　　）1. 中医是中国人几千年来实践得出的医学。

（　　　）2. 扁鹊是一个有名的医生，传说他只要看一眼就能知道病人的
情况。

（　　　）3. 扁鹊第一次见到蔡桓公，就不想给他治病。

（　　　）4. 扁鹊第三次见到蔡桓公时逃跑了，因为他害怕了。

（　　　）5. 第三次以后，如果扁鹊愿意的话，他依旧可以治好蔡桓公的病。

二、选词填空。

Fill in the blanks with the words given below.

A. 大约　　B. 表现　　C. 进一步　　D. 恐怕　　E. 紧张　　F. 及时　　G. 判断

1. 传说<u>扁鹊</u>只要看一眼，就能知道病人的身体情况，做出_____。

2. <u>扁鹊</u>对<u>蔡桓公</u>说："但是如果不马上治疗的话，_____病会向身体里边发展。"

3. <u>蔡桓公</u>对身边的人说："看，这些医生就喜欢给没病的人治病来_____自己。"

4. 过了_____十天，<u>扁鹊</u>又见到了<u>蔡桓公</u>。

5. <u>扁鹊</u>说："如果再不_____治疗的话，你还会病得更重。"

6. 要是病_____发展，已经到了骨头里，那时候找医生也晚了。

7. 几天后，<u>蔡桓公</u>觉得身体非常难受，这才_____起来，赶紧叫人去找<u>扁鹊</u>，可是这时<u>扁鹊</u>已经到别的地方去了。

三、根据文章回答问题。

Answer the questions below according to the article.

1. 中医的治病方法包括哪四个字？

_____

2. 按照<u>扁鹊</u>的说法，<u>蔡桓公</u>的病能治好吗？为什么后来<u>蔡桓公</u>病死了？

_____

3. 在你们国家，会有人选择中医或者类似的自然疗法吗？

_____

13 李春和赵州桥

在<ruby>中国<rt></rt></ruby>隋朝时期，<u>赵州</u>这个地方有一个著名的<u>工匠</u>，名叫<u>李春</u>，他会自己设计和造桥。这一方面是因为他学习特别认真，另一方面是因为他的老师对他特别好，把本领都教给了他，所以他对老师非常感激。

有一天，<u>李春</u>听说老师病重，就马上赶去老师家。老师的家在河的那一边。<u>李春</u>来到河边，当时正在下大雨，河里水流很急。<u>李春</u>在雨中站着，心里很着急，但是由于河水太急，他过不去。等到雨停水退后，<u>李春</u>过河赶到<u>赵州</u>城里，发现老师已经离开了人世。<u>李春</u>非常伤心，哭了好久。过了几天，他决心在河上建一座石桥，方便<u>赵州</u>的百姓过河。

在正式开工前，<u>李春</u>做了很多准备工作。他在河边走了很久，用了半个多月的时间找到了源头，还在路上了解河流的特点，这样他就清楚地知道了这条河的情况。<u>李春</u>还访问了一些工匠，了解了他们以前造桥时出现的问题。在这个基础

上，他进行了仔细而认真的设计。

在中国古代，一座桥的桥洞是半圆形的，桥洞的两边是用石头做成的，石头中间没有空洞。李春做了新的设计。首先，他设计的桥洞小于半圆形，这样方便行人上下桥。同时，他在桥洞两边设计了两个小于半圆的桥洞。这样做的好处是：在下雨多的时候，河水上升很快，水量很大，一部分水就可以从小桥洞中通过，减轻对桥的压力，让石桥更加安全。如果桥的两边没有桥洞，水流不通，石桥就容易被冲坏。李春还让石匠在每块石头边上打出斜纹，使得石头和石头连接后更加结实。李春的设计完全符合科学道理，这不仅可以让桥更加安全、坚固，而且可以节约石材，让石桥更轻；同时还可以使石桥看起来更加美观。

赵州桥 Zhàozhōuqiáo 在617年完工，到现在已经1400多年了。赵州桥是中国也是世界上最早的石桥。直到今天，赵州桥还在正常使用，没有任何问题，可以说是一个奇迹。

本级词

设计 shèjì | to design	基础 jīchǔ | basis
造 zào | to construct	首先 shǒuxiān | first of all
桥 qiáo | bridge	上升 shàngshēng | to ascend, to go up
一方面 yìfāngmiàn | on one hand	压力 yālì | pressure
另一方面 lìng yìfāngmiàn | on the other hand	结实 jiēshi | solid
本领 běnlǐng | skill	节约 jiéyuē | to save
访问 fǎngwèn | to visit	任何 rènhé | any

超纲词

工匠 gōngjiàng | craftsman	斜纹 xiéwén | cross grain
感激 gǎnjī | grateful	连接 liánjiē | to connect
源头 yuántóu | source	符合 fúhé | to conform to
了解 liǎojiě | to understand	坚固 jiāngù | solid
仔细 zǐxì | careful	美观 měiguān | artistic, attractive
减轻 jiǎnqīng | to alleviate	奇迹 qíjì | miracle

练习

一、根据文章判断正误。

Tell right or wrong according to the article.

（　　　）1. 李春会设计和造桥就是因为他非常聪明。

（　　　）2. 李春没有见到生病的老师，是因为他不能过河。

（　　　）3. 李春没有做准备工作，就马上开始设计和造桥了。

（　　　）4. 李春设计的赵州桥比一般的桥有更多的桥洞。

（　　　）5. 赵州桥是世界上最早的石桥。

二、选词填空。

Fill in the blanks with the words given below.

A. 节约　　B. 设计　　C. 访问　　D. 本领　　E. 正式　　F. 世界　　G. 上升

1. 赵州这个地方有一个著名的工匠，名叫李春，他会自己_____和造桥。

2. 李春的老师对他特别好，把_____都教给了他。

3. 在_____开工前，李春做了很多准备工作。

4. 李春还_____了一些工匠，了解了他们以前造桥时出现的问题。

5. 在下雨多的时候，河水_____很快，水量很大，一部分水就可以从小桥洞中通过，减轻对桥的压力，让石桥更加安全。

6. 李春的设计完全符合科学道理，这不仅可以让桥更加安全、坚固，而且可以_____石材，让石桥更轻。

7. 赵州桥是中国也是_____上最早的石桥。

三、根据文章回答问题。

Answer the questions below according to the article.

1. 李春为什么决心要造一座桥？

_____

2. 为了造桥，他做了哪些准备工作？

_____

3. 李春造桥的时候，做了哪些新的设计？

_____

4. 李春造桥时的新设计有哪些好处？

_____

14 黑夜里的光

在八十多年前，有这样一种灯，它照亮了晚上的教室，让许许多多的学生能够在夜里学习，这种灯的名字叫做"费巩灯"。
^{Fèigǒngdēng}

费巩，原来的名字叫费福熊，生于1905年。他从小就喜欢学习，成绩优秀，18岁考进了复旦大学，23岁来到了牛津大学学习。
^{Fèi Gǒng} ^{Fèi Fúxióng} ^{Fùdàn Dàxué} ^{Niújīn Dàxué}

1931年，日本入侵中国时，费巩正好回国。他看到中国的海上全是日本的船，又听说，中国东北已经是日本的土地，非常生气，就把名字改成了"费巩"，表达自己要"巩固中国的土地"的决心。回国后，费巩经常发表文章，希望人们看清并改变当时黑暗的社会。这些文章就像是夜里的灯，给人们带来了希望。

1933年，<u>费巩</u>成为<u>浙江大学</u>的一名老师。当时，学校里有一些思想进步的学生。他们因为指出了社会的黑暗，所以受到了各种不公平的对待。<u>费巩</u>马上向学校提出了意见。最后，在学生和老师的努力下，这件事得到了妥当的处理，这位校长也被赶出了<u>浙江大学</u>。

<u>费巩</u>非常正直，也很关心每一个学生。他当上训导长时曾经对同学们说："我愿意成为同学们的老师、同学们的保姆，给同学们带来幸福就是我的责任！"他关心学生们的生活和学习，给学生思想上的自由。

战争开始后，<u>浙江大学</u>不得不从<u>杭州</u>搬到西部。新的学校环境比较差，学生晚上学习就只能靠"油灯"——这种灯使用时不仅不太亮，而且会产生很多烟。<u>费巩</u>看到学生每天晚上都在这种灯下学习，认为这对身体非常不好，就和其他老师一起向新校长<u>竺可桢</u>提出了意见。

在<u>竺可桢</u>的安排下，<u>束星北</u>、<u>杨守珍</u>两位老师把"油灯"改造成了一种新灯。新灯点亮后不仅更亮，而且产生的烟更少。听到这个消息后，<u>费巩</u>用自己的钱请人制作了800多个新灯，送给学生使用。这种新灯因此被学生们叫做"<u>费巩</u>灯"，以此来感谢这位老师。

在20世纪，<u>中国</u>有许许多多像<u>费巩</u>这样的"灯"和"火"，他们用自己的光和热，温暖了人们，照亮了<u>中国</u>。我们永远不会忘记他们！

注释

复旦大学 Fùdàn Dàxué

Fudan University, one of the most famous universities in China, is located in Shanghai. Formerly known as Fudan Public School founded in 1905, it is one of the earliest universities independently established by the private sector in China.

浙江大学 Zhèjiāng Dàxué

Zhejiang University, founded in 1897 in Hangzhou, is one of the most famous universities in China.

本级词

表达 biǎodá | to express
发表 fābiǎo | to publish
社会 shèhuì | society
思想 sīxiǎng | thought
指出 zhǐchū | to point out
各种 gèzhǒng | all kinds of
对待 duìdài | treatment
处理 chǔlǐ | resolution
不得不 bùdébù | to have no choice but to

搬 bān | to move
环境 huánjìng | environment
比较 bǐjiào | comparatively
产生 chǎnshēng | to produce
烟 yān | smoke
改造 gǎizào | to transform
制作 zhìzuò | to make
世纪 shìjì | century

超纲词

优秀 yōuxiù | excellent
入侵 rùqīn | to invade
巩固 gǒnggù | to consolidate
黑暗 hēi'àn | dark

妥当 tuǒdàng | appropriate
正直 zhèngzhí | upright
保姆 bǎomǔ | nanny
战争 zhànzhēng | war

练 习

一、根据文章判断正误。

Tell right or wrong according to the article.

( ) 1. "费巩灯"是费巩发明的。

( ) 2. 费巩经常发表文章，这些文章像是夜里的灯，给人们带来了希望，所以人们把灯叫做"费巩灯"。

( ) 3. 费巩改名字是因为想要表达爱国之心。

( ) 4. 抗日战争之前，浙江大学在杭州。

( ) 5. 在西部，学生只能用"费巩灯"学习，灯光不亮，而且有很多烟。

( ) 6. 费巩花钱请人给学生制作了改进的油灯，学生为了感谢他，把这种油灯叫"费巩灯"。

二、选词填空。

Fill in the blanks with the words given below.

A. 发表　　B. 环境　　C. 改造　　D. 责任　　E. 处理　　F. 制作　　G. 不得不

1. 回国后，费巩经常_____文章，希望人们看清并改变当时黑暗的社会。

2. 最后，在学生和老师的努力下，这件事得到了妥当的_____。

3. 费巩当上训导长时曾经对同学们说："我愿意成为同学们的老师、同学们的保姆，给同学们带来幸福就是我的_____！"

4. 战争开始后，浙江大学_____从杭州搬到西部。

5. 新的学校_____比较差，学生晚上学习就只能靠"油灯"——这种灯使用时不仅不太亮，而且会产生很多烟。

6. 在竺可桢的安排下，束星北、杨守珍两位老师把"油灯"_____成了一种新灯。新灯点亮后不仅更亮，而且产生的烟更少。

7. 费巩用自己的钱请人_____了800多个新灯，送给学生使用。

三、根据文章回答问题。

Answer the questions below according to the article.

1. 费巩为什么要改名字？"巩"的意思是什么？

_____

2. 浙江大学搬到西部后面临了什么问题？

_____

3. 费巩做了哪些事来帮助学生？

_____

4. 为什么学生把这种改进的油灯叫"费巩灯"？

_____

15 周恩来和邓颖超

周 恩来 与 邓颖超 是1919年认识的，当时，周恩来是天津一个学生社团的负责人，邓颖超是成员，他们在活动中常常见面。不过当时，男女交往还很少见。因此，周恩来和邓颖超在一起谈话并不多，时间也不长。

1920年11月，周恩来和一些青年朋友一起去法国留学。告别时，邓颖超想到欧洲天气很冷，就做了一件衣服送给他。周恩来知道邓颖超也非常想去留学，就对她说："小超，你现在还小呢，以后还有学习机会。我到欧洲后，一定给你写信……"周恩来到巴黎后，开始了两年多的勤工俭学。他一边读书，一边写文章，还要做社会调查，了解当地社会，发展社会关系。

在法国的时候，周恩来很忙，但是他总是找出时间给在天津的女子学校教书的邓颖超写信，再请这所学校的一个朋友带给邓颖超。然而，这位朋友收到信后放在办公室，没有及时交给邓颖超。周恩来一直没收到回信，心里十分不安。后来，周恩来就直接给邓颖超写信。信中更多的是讨论新思想和人生，没有说其他感情方面的事情。

有一次，周恩来寄给邓颖超一张明信片，上面是李卜克内西和卢森堡的照片，他们有着共同的理想。周恩来在明信片上写道："希望我们两人，将来也像他们两个人那样，一起为理想而努力。"这时，邓颖超有点明白了周恩来的意思。不过她知道周恩来一直说自己是"独身主义者"，现在怎么变了呢？邓颖超回信时，先提到自己和朋友要成立一个帮助女性的社团，最后才说，"明信片已收到，"并问他，"你不是一个独身主义者，不想结婚吗？现在你的想法不一样了吗？"

周恩来的回信很快来了，信里说，他们想要成立一个社团的想法非常好，然后他回答邓颖超说，他到欧洲后，认识到革命和结婚并不对立，"独身主义"的想法已经改变。马克思和列宁都有自己理想的伴侣。在法国，他的好朋友蔡和森 Cài Hésēn 和向警予、李富春和 蔡畅 都结婚了。朋友们也希望他能找到一个合适的人一起生活。他已经决定一生都献身革命，只有勇敢坚强的小超才能和他一起努力！因此希望能够得到她的明确回答。

Xiàng Jǐngyú　Lǐ Fùchūn　Cài Chàng

邓颖超被周恩来的来信和他的话感动了。她写信给周恩来，给出了自己的回答："我们的想法完全一样，我愿意和你相互支持，共同为理想而努力。"

注释

马克思　Mǎkèsī
Karl Max (1818–1883), German philosopher, thinker, economist and sociologist.

列宁　Lièníng
Vladimir Lenin (1870–1924), founder of the USSR.

本级词

成员 chéngyuán | member

交往 jiāowǎng | to get along with, to make friends

因此 yīncǐ | therefore

谈话 tánhuà | to communicate

留学 liúxué | to study abroad

调查 diàochá | to investigate

当地 dāngdì | local

所 suǒ | measure word for buildings

人生 rénshēng | life

感情 gǎnqíng | emotion

共同 gòngtóng | common

结婚 jiéhūn | to marry

坚强 jiānqiáng | strong

明确 míngquè | clear

支持 zhīchí | to support

超纲词

社团 shètuán | association

负责人 fùzérén | person in charge

勤工俭学 qíngōngjiǎnxué | work-study program

明信片 míngxìnpiàn | postcard

独身主义 dúshēnzhǔyì | celibacy

革命 gémìng | revolution

对立 duìlì | to stand in opposition

伴侣 bànlǚ | partner, companion

献身 xiànshēn | to devote oneself to ...

练 习

一、根据文章判断正误。

Tell right or wrong according to the article.

(　　) 1. 周恩来和邓颖超从小就认识。

(　　) 2. 周恩来去法国留学，邓颖超也很想去。

(　　) 3. 周恩来最开始的时候不想结婚。

(　　) 4. 周恩来给邓颖超写信，经常讨论感情的问题。

(　　) 5. 邓颖超给周恩来回信，接受了周恩来的想法。

二、选词填空。

Fill in the blanks with the words given below.

A. 文章　　B. 支持　　C. 成员　　D. 因此　　E. 结婚　　F. 明确　　G. 告别

1. 当时，周恩来是天津一个学生社团的负责人，邓颖超是_____，他们在活动中常常见面。

2. 不过当时，男女交往还很少见。_____，周恩来和邓颖超在一起谈话并不多，时间也不长。

3. _____时，邓颖超想到欧洲天气很冷，就做了一件衣服送给他。

4. 周恩来一边读书，一边写_____，还要做社会调查。

5. 你不是一个独身主义者，不想_____吗？

6. 因此周恩来希望能够得到邓颖超的_____回答。

7. 我们的想法完全一样，我愿意和你相互_____，共同为理想而努力。

三、根据文章回答问题。

Answer the questions below according to the article.

1. 周恩来和邓颖超是怎么认识的？

_____

2. 周恩来为什么去法国？他在法国做了什么事儿？

_____

3. 周恩来给邓颖超寄明信片是什么意思？

_____

4. 周恩来认为革命与结婚是对立的吗？

_____

5. 为什么邓颖超会给周恩来肯定的回答？

_____

练习参考答案

1 十二生肖

一、1. ×　　2. √　　3. ×　　4. √　　5. ×

二、1. E、F　　2. D　　3. G　　4. A　　5. C　　6. B

三、略

2 日月潭（上）

一、1. √　　2. ×　　3. √　　4. √　　5. ×

二、1. F　　2. A　　3. E　　4. C、B　　5. D　　6. G

三、略

3 日月潭（下）

一、1. ×　　2. √　　3. ×　　4. ×　　5. √

二、1. F　　2. B　　3. C　　4. A　　5. E　　6. G　　7. D

三、略

4 保护国宝——虢季子白盘

一、1. A　　2. D

二、D　　A　　C　　F　　G　　E　　B

三、略

5 妈祖的传说

一、1. ×　　2. √　　3. √　　4. ×　　5. √

二、1. A　　2. D　　3. G　　4. E　　5. C　　6. F　　7. B

三、略

6 三顾茅庐

一、1. ×　　2. √　　3. √　　4. √　　5. ×

二、1. A　　2. E　　3. C　　4. G　　5. B　　6. D　　7. F

三、略

7 唐太宗纳谏

一、1. ×　　2. √　　3. ×　　4. ×　　5. √

二、1. E　　2. C　　3. D　　4. G　　5. A　　6. F　　7. B

三、略

8 鸠摩罗什

一、1. √　　　2. ×　　　3. ×　　　4. ×　　　5. √

二、1. A　　　2. E　　　3. D　　　4. C　　　5. G　　　6. B　　　7. F

三、略

9 关于价值

一、1. ×　　　2. ×　　　3. ×　　　4. √　　　5. √

二、1. F　　　2. C、E　　　3. A　　　4. D　　　5. B　　　6. G

三、略

10 日本诗人晁衡

一、1. ×　　　2. √　　　3. ×　　　4. ×　　　5. √

二、1. A　　　2. D　　　3. B　　　4. G　　　5. E　　　6. C　　　7. F

三、略

11 丝路公主

一、1. √　　　2. ×　　　3. √　　　4. ×　　　5. √

二、1. D　　　2. A　　　3. C　　　4. G　　　5. B　　　6. F　　　7. E

三、略

12 中医的望闻问切

一、1. √　　　2. √　　　3. ×　　　4. ×　　　5. ×

二、1. G　　　2. D　　　3. B　　　4. A　　　5. F　　　6. C　　　7. E

三、略

13 李春和赵州桥

一、1. ×　　　2. √　　　3. ×　　　4. √　　　5. √

二、1. B　　　2. D　　　3. E　　　4. C　　　5. G　　　6. A　　　7. F

三、略

14 黑夜里的光

一、1. ×　　　2. ×　　　3. √　　　4. √　　　5. ×　　　6. √

二、1. A　　　2. E　　　3. D　　　4. G　　　5. B　　　6. C　　　7. F

三、略

15 周恩来和邓颖超

一、1. ×　　　2. √　　　3. √　　　4. ×　　　5. √

二、1. C　　　2. D　　　3. G　　　4. A　　　5. E　　　6. F　　　7. B

三、略

词汇表

66

版权声明

　　为了满足全球中文学习者的需求，我们在编写本套丛书时，对标《国际中文教育中文水平等级标准》，部分课文在已有文本的基础上稍作改动，以适应中文学习者的不同水平和阅读习惯。由于诸多客观原因，虽然我们做了多方面的努力，但仍无法与部分原作者取得联系。部分作品无法确认作者信息，故未署上作者的名字，敬请谅解。

　　国际中文的推广任重而道远，我们希望能得到相关著作权人的理解和支持。若有版权相关问题，您可与我们联系，我们将妥善处理。

编者

2023 年 10 月

图书在版编目（CIP）数据

丝路公主 / 张丽萍编 . -- 上海：上海外语教育出版社，2024
（阅读中国·外教社中文分级系列读物 / 程爱民总主编 . 三级）
ISBN 978-7-5446-7402-7

Ⅰ . ①丝… Ⅱ . ①张… Ⅲ . ①汉语—对外汉语教学—语言读物 Ⅳ . ① H195.5

中国国家版本馆 CIP 数据核字（2022）第 220522 号

出版发行：**上海外语教育出版社**
　　　　　（上海外国语大学内）邮编：200083
电　　话：021-65425300（总机）
电子邮箱：bookinfo@sflep.com.cn
网　　址：http://www.sflep.com
责任编辑：高楚凡

印　　刷：常熟市华顺印刷有限公司
开　　本：787×1092　1/16　印张 5　字数 75千字
版　　次：2024年2月第1版　2024年2月第1次印刷

书　　号：ISBN 978-7-5446-7402-7
定　　价：30.00 元

本版图书如有印装质量问题，可向本社调换
质量服务热线：4008-213-263